Wissal **IRAQI HOUSSAINI**

Professeure Habilitée

Spécialité : Biologie

La biologie cellulaire et la physiologie animale en exercices corrigés

CIP a Camerei Naționale a Cărții

Wissal, Iraqi Houssaini.

La biologie cellulaire et la physiologie animale en exercices corrigés / Wissal Iraqi Houssaini. – Chișinău : Generis Publishing, 2020 (Print on demand). – 51 p. : fig. color.

ISBN 978-9975-154-03-1.

576.3+591.1(075.8)

W 77

Cover image: www.pixabay.com

Generis Publishing
Online orders: www.generis-publishing.com
Orders by email: info@generis-publishing.com

A ma petite Yara

Préface

L'acquisition et l'approfondissement des contenus d'enseignement de biologie cellulaire et de physiologie animale nécessitent souvent des travaux dirigés. Ces derniers constituent un outil efficace de fixation des savoirs acquis lors des cours magistraux. En outre, ces travaux apportent de nouveaux éléments de réponse aux questions des étudiants, qui seraient restées suspendues pendant les séances plénières. Par ailleurs, les travaux dirigés permettent aux étudiants d'évaluer leurs niveaux d'acquisition des compétences enseignées.

Dans ce contexte, cet ouvrage présente une multitude d'exercices résolus de biologie cellulaire et de physiologie animale, visant la compréhension et l'acquisition des notions de base de ces deux disciplines.

EXERCICES

I. Biologie cellulaire

Exercice 1

1- Attribuer à chaque image son numéro selon la description donnée.
2- Donner un titre à :
- a. l'ensemble des numéros 1 . 2 . 3, 4.
- b. l'ensemble des numéros 5 . 6 . 7.
- c. l'ensemble de tous les numéros.

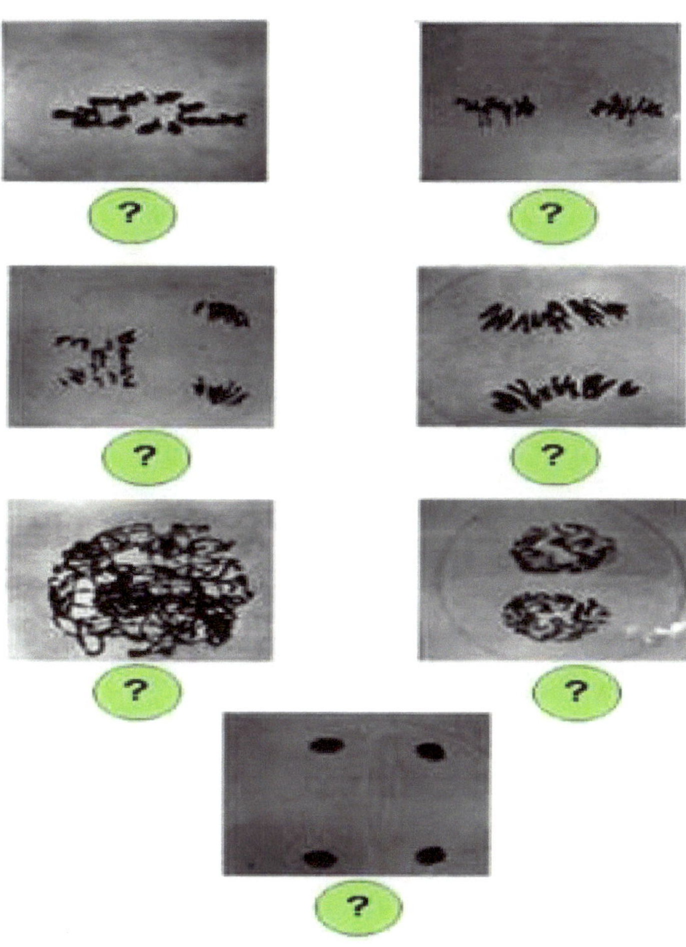

Exercice 2

1. **La cellule procaryote contient :**
   a. Un nucléoïde
   b. Un nucléole
   c. Un nucléoplasme
   d. Un noyau

2. **Les caractéristiques attribuables uniquement aux cellules végétales sont :**
   a. grosse vacuole, membrane nucléaire, plastes
   b. grosse vacuole, noyau, plastes
   c. grosse vacuole, paroi cellulaire, plastes
   d. petite vacuole, membrane cytoplasmique, mitochondries

3. **L'espace périnucléaire est en continuité avec :**
   a. Le cytoplasme
   b. Le nucléole
   c. Le réticulum endoplasmique
   d. L'appareil de Golgi

4. **Les échanges entre le nucléoplasme et le cytoplasme sont réglés par :**
   a. La membrane vacuolaire
   b. Les nucléoles
   c. La membrane cytoplasmique
   d. La membrane nucléaire

5. **Les lipides membranaires sont :**
   a. les phospholipides, le cholestérol et les glycolipides
   b. les phospholipides, le cholestérol et les protéines
   c. les acides gras et le cholestérol
   d. les stérols et le cholestérol

6. La diffusion facilitée est :

    a. Un transport passif sans perméases

    b. Un transport passif avec des perméases

    c. Un transport actif avec des perméases

    d. Un transport actif sans perméases

7. Le centrosome intervient dans :

    a. La synthèse des protéines

    b. La synthèse de l'ARN m

    c. La division cellulaire

    d. La maturation cellulaire

8. Les membranes cellulaires sont formées en grande partie :

    a. De phospholipides

    b. De disaccharides

    c. D'ARN

    d. De glucides

9. La première étape de la respiration cellulaire est :

    a. Le cycle de Krebs

    b. La décarboxylation

    c. La chaine respiratoire

    d. La glycolyse

10. L'organite qui est à l'origine de la formation des lysosomes est :

    a. Le réticulum endoplasmique granulaire

    b. L'appareil de Golgi

    c. Le réticulum endoplasmique lisse

    d. Le centriole

11. L'organite riche en enzymes digestives est :

    a. Le polysome

    b. Le lysosome

    c. Le peroxysome

    d. Le ribosome

12. Les corpuscules résiduels de la cellule sont le résultat d'une :

    a. Digestion peroxysomale incomplète

    b. Digestion lysosomale incomplète

    c. Digestion lysosomale complète

    d. Digestion peroxysomale complète

13. Dans la cellule, l'appareil de Golgi :

    a. participe à la production d'énergie

    b. sert à réaliser la photosynthèse

    c. a des fonctions sécrétrices

    d. est le siège de la transcription

14. Le centre de tri des protéines est :

    a. Le centrosome

    b. L'appareil de Golgi

    c. Le nucléole

    d. Le noyau

15. Chez les Eucaryotes, la transcription de l'ADN se déroule dans :

    a. Le cytoplasme

    b. L'appareil de Golgi

    c. Le noyau

    d. Le réticulum endoplasmique rugueux

16. Lors de la transcription de l'ADN, la Thymine est remplacée par :

    a. L'Adénine

    b. La Cytosine

    c. La Guanine

    d. L'Uracile

17. Au cours de la protéogenèse, la Binding protein (BIP) intervient dans :

    a. La glycosylation des protéines

    b. La phosphorylation des protéines

    c. La dégradation des protéines

    d. Le repliement des protéines

18. Une cellule en division nécessite :

a. Le même taux de synthèse protéique qu'une cellule quiescente

b. Un taux de synthèse protéique plus important qu'une cellule quiescente

c. Un taux de synthèse protéique plus faible qu'une cellule quiescente

d. Un taux de synthèse protéique négligeable par rapport à la cellule quiescente

19. Une détérioration des ribosomes :

a. Sera sans effets sur la cellule

b. Provoquera la mort de la cellule

c. Causera des effets bénins sur la cellule

d. Aura des effets réversibles sur la cellule

20. La glycosylation des protéines est :

a. Une modification transcriptionnelle

b. Une modification post-transcriptionnelle

c. Une modification traductionnelle

d. Une modification post-traductionnelle

Exercice 3

a. Annotez directement le schéma suivant.
b. Donnez un titre.

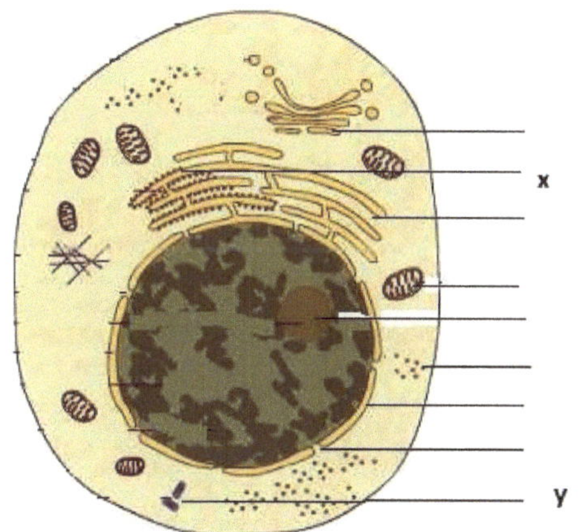

Exercice 4

I.   Le schéma suivant représente une cellule :

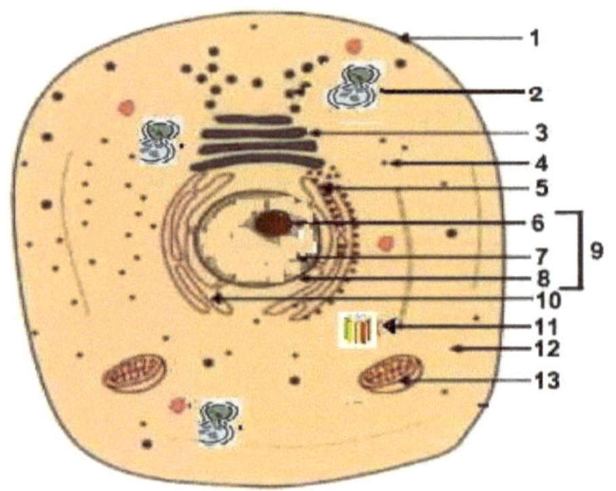

a. Annotez le schéma

b. Quel <u>grand type</u> cellulaire est représenté sur ce schéma :

c. Justifiez votre réponse <u>par 2 phrases</u> :

d. Donnez <u>brièvement</u> le rôle principal des composants suivants :

(2): …………………………………………………………………………………

(4): …………………………………………………………………………………

(5): …………………………………………………………………………………

(10): ………………………………………………………………………………..

Exercice 5

Annotez et titrez le schéma suivant

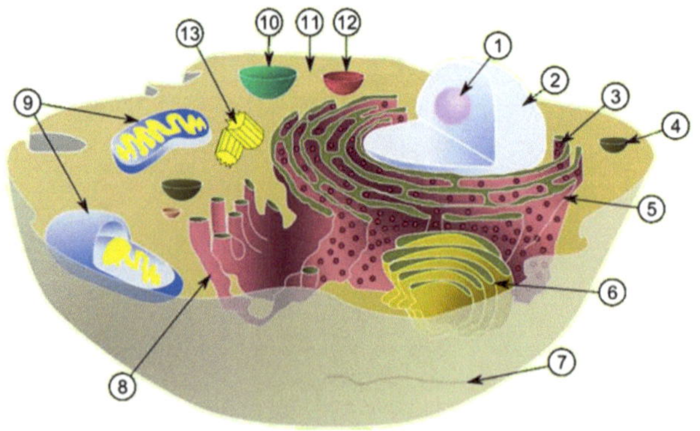

Exercice 6

1. Décrivez l'emplacement des protéines membranaires et certaines de leurs fonctions.
2. Citez les classes des lipides constitutifs de la membrane plasmique.
3. Pourquoi une cellule eucaryote peut-elle assurer des fonctions plus diverses, complexes et spécialisées qu'une cellule procaryote ?
4. Précisez l'emplacement du nucléole et son rôle ?

Exercice 7

Cochez la ou les phrase(s) correcte(s) :

a. Le transport des protéines d'un compartiment à l'autre : 1. Peut s'effectuer de façon co-traductionnelle ou post-traductionnelle. / 2. Implique toujours des vésicules. / 3. Utilise les mêmes mécanismes pour les différents compartiments. / 4. Peut se faire par l'intermédiaire de vésicules. / 5. Requiert de l'énergie.

b. La phagocytose : 1. S'effectue grâce à des manteaux de clathrine. / 2. Implique des microfilaments d'actine. / 3. Peut concerner des molécules inertes comme des poussières de charbon. / 4. Permet de détruire des micro-organismes pathogènes. / 5. Permet d'internaliser du LDL.

c. Les lysosomes : 1. Sont délimités par une double membrane. / 2. Ont un pH proche de celui du cytosol. / 3. Sont formés par bourgeonnement du réticulum endoplasmique. / 4. Contiennent des enzymes hydrolytiques (hydrolases). / 5. Ne digèrent que des produits cytosoliques.

d. Quelles propriétés correspondent à celles de la membrane plasmique (protéines et lipides) : 1. Barrière pour la plupart de solutés physiologiques / 2. Attachement à la matrice extracellulaire / 3. Biosynthèse des lipides / 4. Localisation de réactions enzymatiques / 5. Réceptivité à l'environnement extérieur.

e. La mitochondrie : 1. Contient un réseau membraneux nommés thylakoïdes. / 2. Contient un ADN monocaténaire circulaire. / 3. Contient dans sa matrice l'équipement nécessaire à la synthèse protéique. / 4. Est capable de synthétiser la totalité de ses propres protéines. / 5. Contient dans sa matrice l'équipement enzymatique nécessaire à la biosynthèse des acides gras. / 6. Le cycle de Krebs produit du NADH, de l'ATP et du CO_2. / 7. Intervient dans le catabolisme du glucose. / 8. Est un site important de production de l'ATP. / 9. La phosphorylation oxydative est le processus par lequel les électrons issus du NADH sont cédés à l'ATP. / 10. En condition aérobie, la phosphorylation oxydative n'est pas la source principale d'ATP de la cellule. / 11. Le transfert des électrons permet l'accumulation de H+ dans la matrice mitochondriale. / 12. L'ATP synthase utilise le gradient de sodium.

f. Le nucléosome : 1. Est composé de tubuline et d'ARN. / 2. Est composé d'histones et d'ADN. / 3. Sert à empaqueter l'ADN dans une structure compacte. / 4. Sert à séparer les chromosomes. / 5. Dégrade l'ADN

g. Lequel de ces éléments n'entre pas dans la composition des acides nucléiques: 1. L'azote. 2. Le carbone. / 3. L'hydrogène. / 4. Le soufre. / 5. L'oxygène.

h. Indiquez la ou les proposition(s) fausse(s) : 1. Un génome est constitué soit d'ADN soit d'ARN. / 2. Le génome des cellules Eucaryotes n'est pas seulement nucléaire. / 3. Le génome des bactéries n'est pas seulement chromosomique. / 4. Le génome des organites est plus petit que le génome nucléaire. / 5. Les génomes des chloroplastes et des mitochondries sont identiques.

Exercice 8

Cochez par « Vrai » ou « Faux » :

1. Les lipides sont des composés très hydrophobes.
2. Les cellules eucaryotes animales contiennent un appareil de Golgi impliqué seulement dans la glycosylation de protéines.

3. Les ARN de transfert sont toujours localisés dans le cytoplasme.

4. Les protéines sont composées d'acides nucléiques.

5. Les protéines sont toujours localisées dans le cytoplasme.

6. Le réticulum endoplasmique est responsable de toute la synthèse protéique.

7. Les cellules eucaryotes peuvent répliquer l'ADN pendant la phase S du cycle cellulaire.

8. Le cytosquelette est un réseau des fibres protéiques constitué par les microtubules et les microfilaments.

9. Lors de la synthèse des protéines la maturation de l'ARN se fait dans le cytoplasme afin d'éliminer certaines séquences non codantes.

10. Les cellules eucaryotes possèdent un ou plusieurs nucléoles impliqués dans la transcription de l'ADN.

11. Les cellules eucaryotes animales contiennent des lysosomes impliqués dans la phosphorylation des protéines.

12. Les chloroplastes et les mitochondries possèdent un ADN et synthétisent l'ATP.

13. L'activité de la kinase Cdk4 est dépendante de l'expression des cyclines D et E.

14. Les chromosomes à l'état mitotique peuvent être identifiés après coloration.

15. Le fuseau mitotique disparaît au cours de l'anaphase par dépolymérisation des microtubules polaires.

16. L'épissage des ARNm constitue le mécanisme d'ajout de la coiffe.

17. Lors d'une interaction virus - cellule de type productif le virus peut sortir de la cellule par lyse de la cellule.

18. Les procaryotes sont unicellulaires.

19. Le noyau est unique dans les cellules mononuclées.

20. La traduction des protéines se fait dans le noyau chez les eucaryotes.

Exercice 9

Définissez les termes suivants :

1. Micelle
2. Culture cellulaire
3. Les liaisons
4. Les porines
5. Les aquaporines

Exercice 10

1. Définissez le transport membranaire.
2. Citez les différents types de transport membranaire.

II.   Physiologie animale

Exercice 1

- Mettez dans l'ordre les étapes de la contraction musculaire.
- Dissociation de la liaison actine-myosine
- Hydrolyse de l'ATP
- Traction des filaments d'actine.
- Libération de calcium.
- Fixation d'une nouvelle molécule d'ATP sur la tête de myosine.
- Raccourcissement du sarcomère.
- Interaction entre l'actine et la myosine.
- Changement de conformation de la myosine et glissement des têtes de myosine.
- Arrivée rapide d'un ATP
- Rupture de la liaison entre actine/myosine et début d'une nouvelle interaction.

Exercice 2

a. Annotez directement le schéma suivant
b. Donnez un titre.

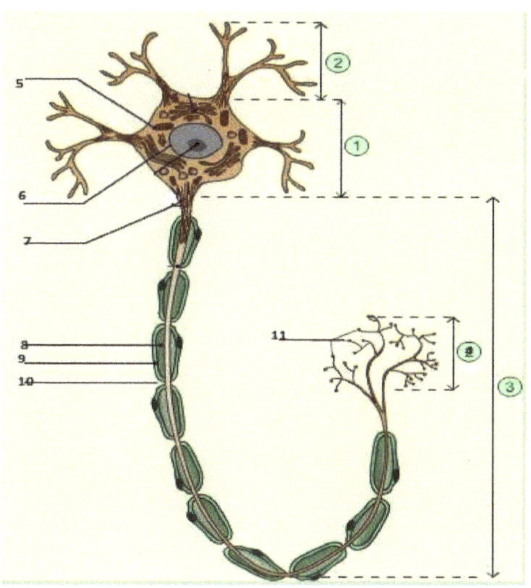

Exercice 3

a. Le cervelet fait cheminer l'influx nerveux jusqu'à la section de la ME correspondante.

b. De l'aire visuelle, un influx nerveux se dirige vers l'aire d'association visuelle où l'image est assemblée en objet.

c. L'aire de motricité volontaire envoie un influx nerveux qui se dirige vers le cervelet en vue d'assurer la coordination des mouvements musculaires volontaires.

d. Les récepteurs photosensibles des yeux enregistrent l'image du verre. Un influx nerveux est généré et chemine par le nerf optique jusqu'à l'aire visuelle du cortex cérébral où l'image est décomposée en pièces détachées.

e. De l'aire d'analyse et d'intégration part un influx nerveux qui se dirige vers l'aire de motricité volontaire.

f. Déclenchement de l'extension du bras par l'intermédiaire du nerf et des muscles impliqués.

g. De l'aire d'association visuelle, l'influx nerveux se dirige ensuite vers l'aire d'analyse et d'intégration de l'information reçue de façon à ce que l'image prenne un sens pour l'individu.

Exercice 4

1. Donner un autre nom aux termes suivants :

- Les nerfs rachidiens

- Le liquide céphalo-rachidien

- Les membranes du système nerveux central

- Le neurone

- Le soma

- La zone d'initiation du potentiel d'action

- Les terminaisons nerveuses

- Un nerf qui possède une racine sensitive et une racine motrice

- Une synapse entre deux axones

- Les réflexes bulbaires

2. Titrez et légendez le schéma suivant

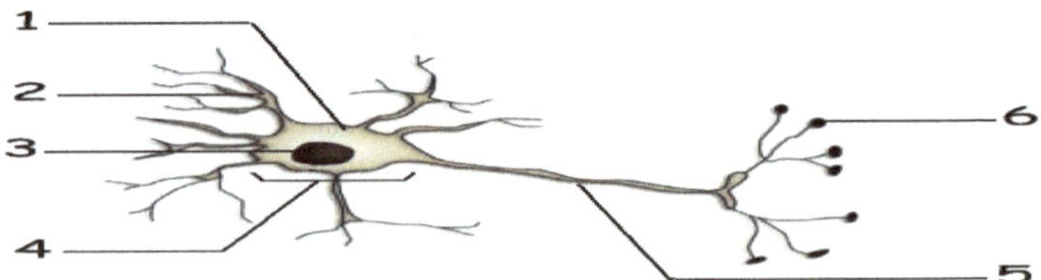

Titre :

3. Ce croquis schématise le circuit général d'un arc réflexe médullaire

    a. Quel est le centre nerveux impliqué dans ce mouvement.

    b. Remplissez ce croquis pour montrer le déroulement de l'arc réflexe.

    c. Positionnez sur ce croquis le sens du déroulement de ce mouvement.

    d. Indiquez sur ce circuit le nom des voies nerveuses.

    e. Donnez deux exemples d'arc réflexe.

Exercice 5

1- A partir des seules informations extraites des expériences décrites ci-dessous, déterminez la cause de la mort ou de la survie des cobayes A, B, C, D, E et F.

2- Indiquez brièvement le but de l'injection de lymphocytes B aux cobayes E par rapport à l'injection d'anticorps aux cobayes C.

3- Expliquez comment la vaccination par le BCG a modifié le phénotype immunitaire du cobaye B.

NB:

- Les expériences sont réalisées avec des cobayes de même souche.

- Le Bacille de Koch (BK) est la bactérie responsable de la tuberculose. Le Bacille de Calmette et Guérin (BCG) est le bacille de Koch atténué, c'est-à-dire rendu non pathogène.

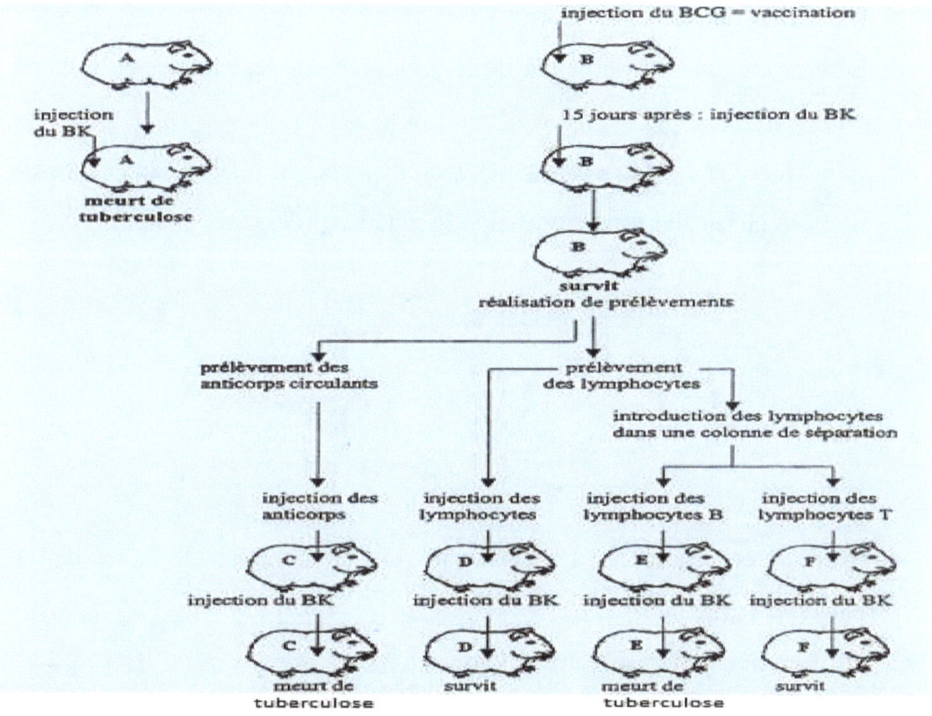

Exercice 6

Attribuez à chaque lettre un chiffre selon les étapes de la contraction musculaire

   a. Liaison d'acétylcholine à des récepteurs de la membrane du myocyte.

   b. L'arrivée de l'influx nerveux à l'extrémité de la terminaison axonale.

   c. Le courant électrique déclenche une activité au niveau des structures internes (actine et myosine) provoquant la contraction.

   d. Libération d'un neurotransmetteur, l'acétylcholine dans la fente synaptique.

   e. La contraction prend fin par la destruction de l'acétylcholine

   f. Production d'un courant électrique dans le myocyte.

Exercice 7

   1. Afin d'observer le comportement produit lors d'un pincement, on utilise une grenouille intacte et on touche sa patte avec une aiguille.

   a. Décrivez en une phrase la réaction de la grenouille.

   b. Comment est appelée cette réaction ?

   c. Précisez son type.

   d. Écrivez les étapes du trajet de l'influx en précisant les organes et les nerfs qu'il traverse.

   2. Afin d'étudier le rôle des racines rachidiennes, on réalise deux types de sections chez cette grenouille selon le schéma ci-dessous.

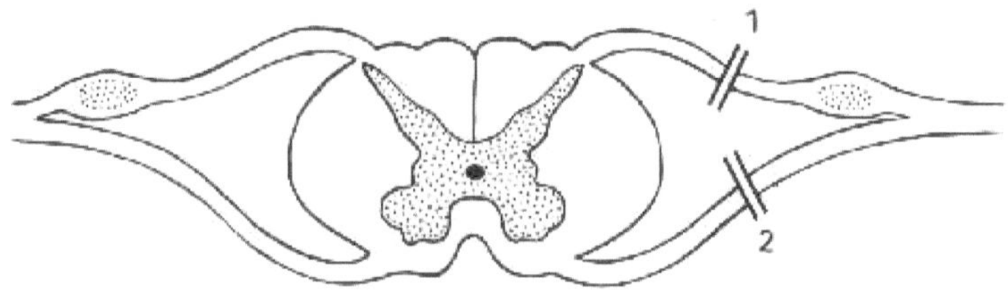

a. Décrivez en une phrase les conséquences, sur l'animal, de la section au niveau de la partie (1).

b. Justifiez en une phrase votre réponse.

c. Précisez en une phrase le rôle de la partie (1).

d. Décrivez en une phrase les conséquences, sur l'animal, de la section au niveau de la partie (2).

e. Justifiez en une phrase votre réponse.

f. Précisez en une phrase le rôle de la partie (2).

g. Conclure en une phrase quant aux nerfs rachidiens.

Exercice 8

On cherche à savoir comment un organisme réagit à deux injections consécutives d'un même antigène ou de deux antigènes différents.

<u>Expérience 1</u> : on injecte par voie intraveineuse, chez des souris A, une dose convenable d'un antigène X. On dose, en fonction du temps, le taux d'anticorps apparus après une première et une seconde injection de l'antigène (courbes 1 et 2 du graphique).

<u>Expérience 2</u> : on pratique, chez des souris B, identiques à celles de l'expérience précédente, les injections suivantes :

•Première injection : Antigène X (même dose que celle utilisée pour les souris A). Les résultats obtenus ont les mêmes caractéristiques que ceux observés dans l'expérience 1 (courbe 1).

•Deuxième injection : un antigène Y différent de l'antigène X, mais injecté à une dose équivalente. La production d'anticorps est représentée par la courbe 3.

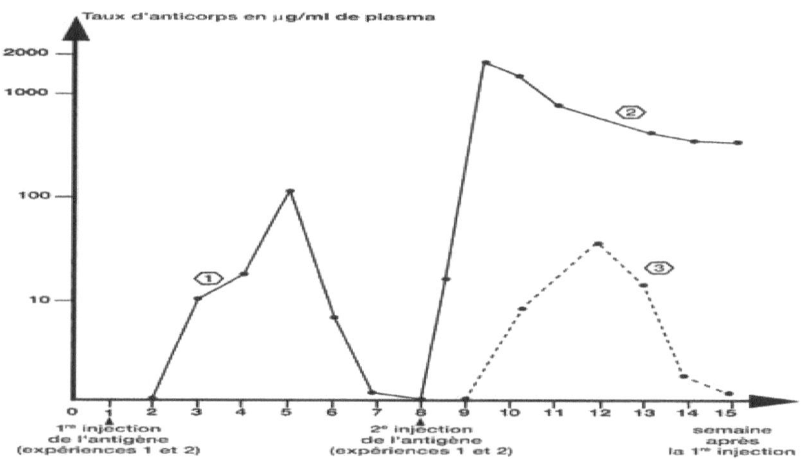

1. Que représente la courbe 1 de l'expérience 1 ? : 1 phrase.

2. Que représente la courbe 2 de l'expérience 1 ? : 1 phrase.

3. Que montre l'expérience 1 ? : 2 phrases.

4. Que représente la courbe 1 de l'expérience 2 ? : 1 phrase.

5. Que représente la courbe 3 de l'expérience 2 ? : 1 phrase.

6. Que montre l'expérience 2 ? : 2 phrases.

Dégagez de l'expérience 1 et de l'expérience 2 les caractéristiques de la réponse immunitaire à deux injections consécutives d'un antigène : 3 phrases.

Exercice 9

Différenciez entre les caractéristiques attribuables à la dendrite et celles à l'axone :

a. Transport de l'influx nerveux vers le corps cellulaire

b. Transport de l'influx nerveux loin du corps

c. Partie réceptrice du neurone

d. Partie émettrice du neurone

e. Unique mais peut posséder des collatérales

f. Généralement nombreux autour du corps cellulaire

g. Ne se termine pas par des boutons synaptiques

h. Se termine par des boutons synaptiques

Exercice 10

Cochez la bonne réponse

1. Le système nerveux central est protégé de l'extérieur vers l'intérieur par :

a. L'arachnoïde - La dure mère - La pie mère, **b.** La pie-mère - L'arachnoïde- La dure mère, **c.** La pie mère - La dure mère - L'arachnoïde, **d.** La dure mère- L'arachnoïde - La pie mère

2. Le liquide céphalo-rachidien (LCR) :

   a. sert exclusivement à éliminer les déchets produits par le système nerveux central

   b. sert exclusivement à nourrir le SNC

   c. sert exclusivement à amortir les chocs que pourraient subir le SNC

   d. sert à nourrir, à évacuer les molécules toxiques et à protéger le SNC

   3. Les fibres amyéliniques sont plus rapides que les fibres myéliniques :

   a. Vrai

   b. Faux

Exercice 11

Mettez dans l'ordre, par des chiffres, les séquences de la contraction musculaire :

1. Traction des filaments d'actine.

2. Hydrolyse de l'ATP

3. Glissement des têtes de myosine.

4. Raccourcissement du sarcomère.

5. Fixation d'une nouvelle molécule d'ATP sur la tête de myosine.

6. Libération de calcium.

7. Interaction entre l'actine et la myosine.

8. Dissociation de la liaison actine-myosine

9. Rupture de la liaison entre actine/myosine et début d'une nouvelle interaction.

10. Arrivée rapide d'un ATP

Exercice 12

Définissez les lettres a, b, c, d et e:

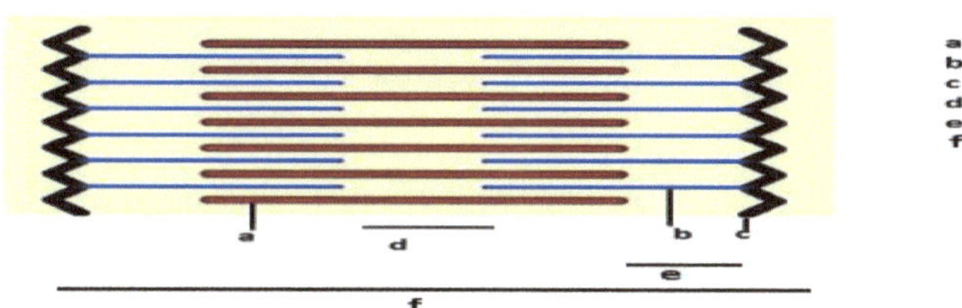

Exercice 13

Complétez par une phrase chacune des étapes de la contraction musculaire

1- L'excitation ou la stimulation correspond à

……………………………………………………………..

2- Le couplage excitation-contraction regroupe

…………………………………………………………

3- La contraction proprement dite correspond à

…………………………………………………………

4- La relaxation est

………………………………………………………………………………

Exercice 14

Afin d'étudier le rôle des racines rachidiennes, on réalise plusieurs types de sections chez un animal spinal.

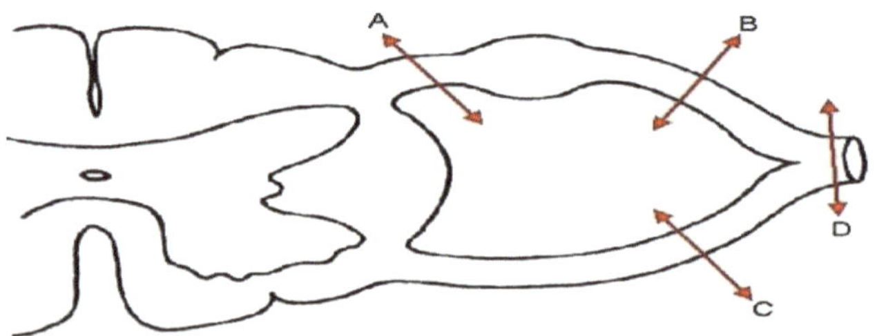

1- Quelles seront les conséquences immédiates de chaque section ?

2- Sachant que les axones qui sont rattachés au corps cellulaire régénèrent et qu'ils sont capables d'établir de nouvelles synapses fonctionnelles, quelles séquelles résulteraient de chaque section si l'animal était gardé en vie et en supposant que la régénération ait été totale ?

3- Conclure quant au rôle des nerfs rachidiens.

Exercice 15

Mettez dans l'ordre, par des chiffres, les séquences de la circulation sanguine et complétez le vide :

a. Une fois que la circulation pulmonaire est achevée, le sang retourne vers le cœur au niveau de l'oreillette gauche par 4 veines pulmonaires puis se rend au ventricule gauche à travers ………………………………...

b. Lorsque celui-ci se contracte, il expulse le sang vers tout l'organisme via l'artère aorte à travers ………………………., pour aller apporter l'O2 et les éléments nutritifs dans le corps.

c. Il se déverse ensuite dans le ventricule droit à travers ……………………… de l'orifice auriculo-ventriculaire.

d. Lorsque celui-ci se contracte, il expulse le sang vers les poumons, à travers les alvéoles des poumons, via l'artère pulmonaire à travers ………………

e. Le sang arrive au cœur au niveau de l'oreillette droite par les veines caves supérieure et inférieure.

f. Le sang se répartit vers chacun des 2 poumons via l'artère pulmonaire droite et gauche.

g. Une fois passé dans les organes, le sang repart du corps puis retourne dans le cœur via les veines caves avec le CO2 pour aller dans l'oreillette droite, et le cycle recommence.

Exercice 16

Légendez le schéma suivant et donnez un titre :

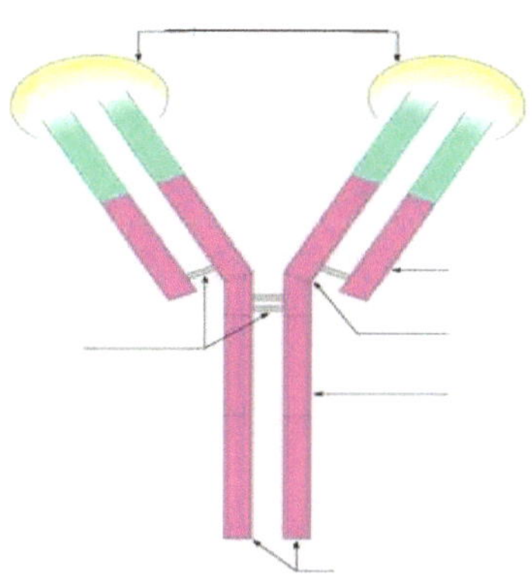

Exercice 17

Choisir la ou les bonnes réponses :

1. Les leucocytes sécréteurs d'anticorps sont :

a. les lymphocytes T4.

b. Les plasmocytes.

c. les cellules phagocytaires.

d. les lymphocytes T cytotoxiques.

2. Un anticorps est une protéine capable de reconnaitre :

a. un antigène spécifique.

b. n'importe quel antigène.

c. les antigènes sans les distinguer.

d. les antigènes de la même manière.

3. Un anticorps est capable

a. de détruire une cellule infectée par un micro-organisme étranger.

b. de neutraliser des antigènes dans le milieu extra-cellulaire.

c. de se fixer à un lymphocyte T.

d. de reconnaitre non spécifiquement une bactérie

4. La molécule d'anticorps est composée

a. de deux chaines légères et deux chaines lourdes.

b. d'une chaine légère et une chaine lourde.

c. de deux chaines légères et une chaine lourde.

d. d'une chaine légère et deux chaines lourdes.

5. Sélectionnez la bonne réponse :

a. La région variable d'un anticorps possède 2 Fab et 2 Fc.

b. La région constante d'un anticorps possède 2 Fab et 2 Fc.

c. La région variable d'un anticorps possède 2 fragments Fab.

d. La région constante d'un anticorps possède 2 fragments Fc.

6. Lorsque des anticorps rencontrent un virus qui lui sont spécifiques :

a. Ils s'agglutinent.

b. Ils détruisent le virus.

c. Ils sécrètent des cytokines.

d. Ils sont sans effet.

7. Un Lymphocyte T8 se différencie en

a. plasmocyte.

b. lymphocyte cytotoxique.

c. lymphocyte T4.

d. Lymphocyte suppresseur.

8. Un Lymphocyte cytotoxique est capable de :

a. détruire une cellule infectée.

b. neutraliser un élément étranger dans le plasma sanguin.

c. phagocyter une cellule infectée.

d. d'agglutiner un anticorps

9. Les moyens de destruction d'un LT cytotoxique sont :

a. la libération de protéines "perforines" capables de perforer une membrane cellulaire.

b. la formation d'un complexe immun par agglutination.

c. l'apoptose

d. la phagocytose

10. Les lymphocytes T4 ont pour rôle :

a. de stimuler la multiplication et la différenciation des LB et des LT8 sélectionnés par l'antigène introduit.

b. de sécréter des anticorps.

c. d'inhiber la multiplication et des LB et LT8.

d. de bloquer la réponse immunitaire cellulaire.

11. Les LT4 sont :

a. non spécifiques.

b. spécifiques d'un antigène donné.

c. spécifiques d'un anticorps donné.

d. spécifiques d'une immunoglobuline donnée.

12. L'immunité innée est :

a. assurée par des mécanismes qui ne deviennent efficaces qu'après un premier contact avec l'antigène, avec mise en mémoire de ce contact.

b. assurée par les cellules phagocytaires rapidement mobilisées lors de l'entrée d'un Ag.

c. présente dès la naissance.

d. non spécifique.

13. Les cellules phagocytaires :

a. sécrètent des anticorps.

b. éliminent les complexes immuns et les déchets de cellules détruites.

c. tuent par simple contact les cellules infectées.

d. sont des cellules mononucléaires

14. Le principe de la vaccination est :

a. de mettre en présence un antigène atténué et le système immunitaire.

b. d'injecter des anticorps spécifiques d'un antigène pour prévenir l'entrée probable de cet antigène.

c. d'induire une réponse immunitaire immédiate.

d. de produire des cellules immunitaires mémoires

15. Les éosinophiles sont :

a. des polynucléaires.

b. des mononucléaires.

c. des globules blancs.

d. des globules rouges.

16. Les interleukines sont :

a. des cytokines.

b. des protéines.

c. des immunoglobulines.

d. des anticorps.

Exercice 18

1. Légendez le schéma suivant (13 flèches).

2. Donnez un titre au schéma.

3. Donnez un autre nom à (a).

4. Citez en une phrase, le rôle de (b).

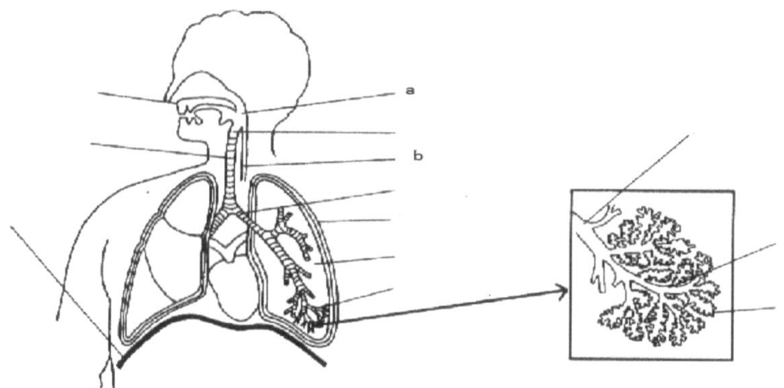

Exercice 19

1. Légendez le schéma.

2. Donnez un titre au schéma

3. Donner un nom à (a), (b) et (c).

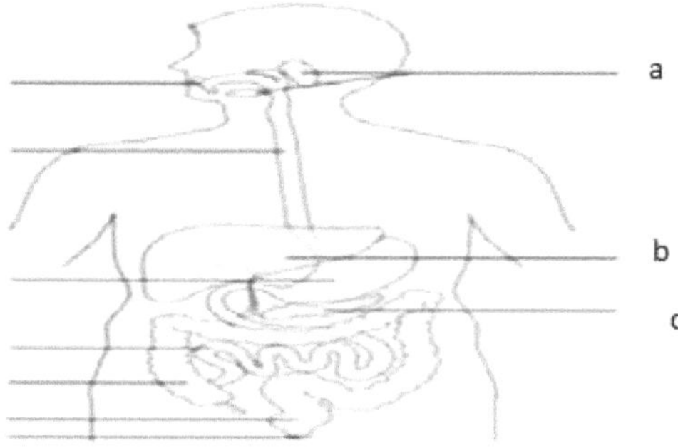

Exercice 20

1. Annotez le schéma suivant.
2. Positionnez sur le schéma à l'aide de flèches, les 4 valvules en les nommant.
3. Schématisez à l'aide de flèches la circulation sanguine.
4. Donnez un titre au schéma.

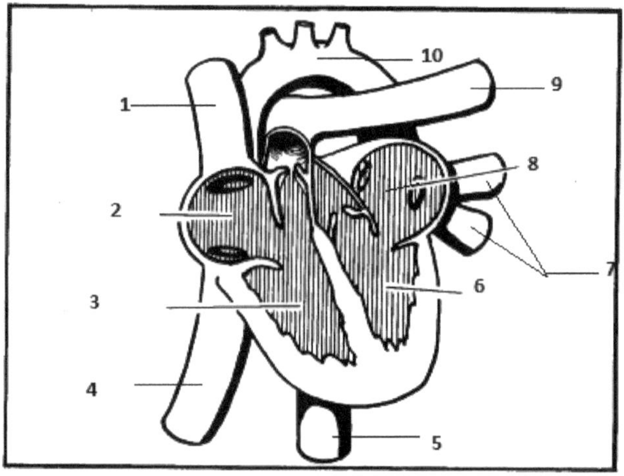

RÉPONSES

I.   Biologie cellulaire

Exercice 1

1, 2, 3, 4 : Division réductionnelle

5,   6,   7,   8   :   Divion   équationnelle

1 — **Prophase 1** : les chromosomes deviennent apparents , l'enveloppe du noyau disparaît.

2 — **Métaphase 1** : les chromosomes à 2 chromatides se rangent par paires d'homologues au milieu de la cellule pour former une figure appelée plaque équatoriale.

3 — **Anaphase 1** : les chromosomes à 2 chromatides de chaque paire se séparent. Un chromosome migre vers un pôle de la cellule, son homologue vers l'autre pôle.

4 — **Télophase 1** : les chromosomes s'organisent en 2 lots de chromosomes à 2 chromatides à chaque pôle de la cellule.

5 — **Métaphase 2** : les 2 lots de chromosomes à 2 chromatides s'organisent en 2 plans équatoriaux.

6 — **Anaphase 2** : Les 2 chromatides de chaque lot de chromosomes se séparent et migrent vers un pôle opposé.

7 — **Télophase 2** : les chromosomes à un chromatide s'organisent en 4 lots, une membrane cytoplasmique va séparer la cellule "mère " de départ en 4 cellules "filles".

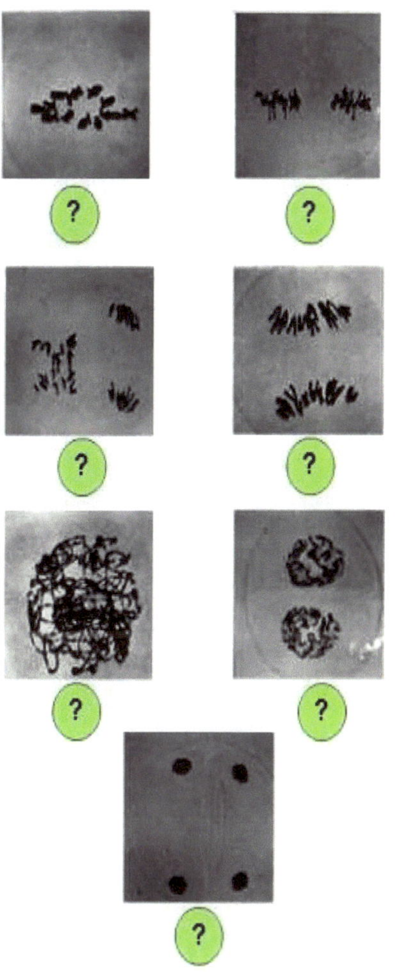

La méiose

Exercice 2

1. La cellule procaryote contient un nucléoïde.

2. Les caractéristiques attribuables uniquement aux cellules végétales sont : grosse vacuole, noyau, plastes.

3. L'espace périnucléaire est en continuité avec le RE est l'AG.

4. Les échanges entre le nucléoplasme et le cytoplasme sont réglés par la membrane nucléaire.

5. Les lipides membranaires sont les phospholipides, le cholestérol et les glycolipides.

6. La diffusion facilitée est un transport passif avec des perméases.

7. Le centrosome intervient dans la division cellulaire.

8. Les membranes cellulaires sont formées en grande partie de phospholipides.

9. La première étape de la respiration cellulaire est le cycle de Krebs.

10. L'organite qui est à l'origine de la formation des lysosomes est l'AG.

11. L'organite riche en enzymes digestives est le lysosome.

12. Les corpuscules résiduels de la cellule sont le résultat d'une digestion lysosomale incomplète.

13. Dans la cellule, l'appareil de Golgi a des fonctions sécrétrices.

14. Le centre de tri des protéines est l'AG.

15. Chez les Eucaryotes, la transcription de l'ADN se déroule dans le noyau.

16. Lors de la transcription de l'ADN, la Thymine est remplacée par l'Uracile.

17. Au cours de la protéogenèse, la BIP intervient dans le repliement des protéines.

18. Une cellule en division nécessite un taux de synthèse protéique plus important qu'une cellule quiescente.

19. Une détérioration des ribosomes provoquera la mort de la cellule.

20. La glycosylation des protéines est une modification post-traductionnelle.

Exercice 3

1. Réticulum endoplasmique rugueux

2. Réticulum endoplasmique lisse

3. Mitochondrie

4. Nucléole

5. Ribosomes

6. Pore nucléaire

7. Centrosome

Titre : Schéma d'une cellule animale

Exercice 4

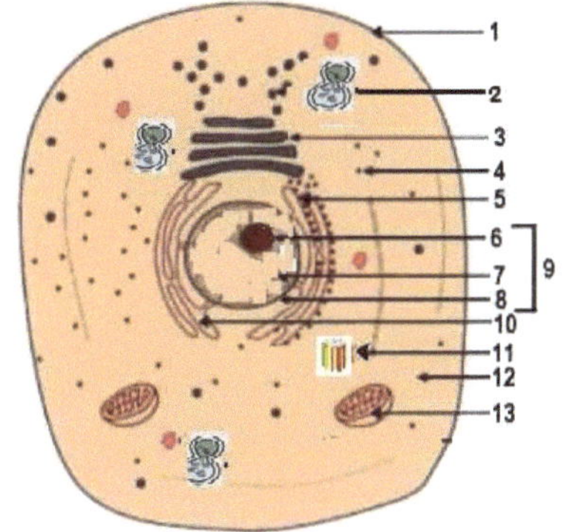

a.

1. Membrane cytoplasmique
2. Lysosome
3. Appareil de Golgi
4. Ribosome
5. RER
6. Nucléole
7. Nucléoplasme
8. Membrane nucléaire
9. Noyau
10. REL
11. Centrosome
12. Cytoplasme
13. Mitochondrie

b. Eucaryote

c.

- Présence de noyau

- Présence d'organites

d. Rôle principal des composants suivants :

(2) : Dégradation de produits endogènes ou exogènes

(4) : Synthèse des protéines

(5) : Traduction et repliement des protéines au cours de leur synthèse.

(10) : Transfert des lipides membranaires. Métabolisme du cholestérol en hormones stéroïdes des cellules glandulaires (Ovaires, testicules) et des cellules nerveuses. Détoxification des cellules hépatiques des drogues et des médicaments. Stockage du Ca dans les cellules musculaires squelettiques pour sa libération lors de la contraction musculaire.

Exercice 5

1. Nucléole

2. Noyau

3. Ribosome

4. Vésicule

5. Réticulum endoplasmique rugueux

6. Appareil de Golgi

7. Microtubule

8. Réticulum endoplasmique lisse

9. Mitochondrie

10. Lysosome

11. Cytoplasme

12. Peroxysome

13. Centrosome

Exercice 6

1.   La membrane plasmique, le noyau, le nucléole, les ribosomes, le RE, l'AG, le cytosquelette, la mitochondrie, les chloroplastes, les lysosomes, les peroxysomes.

Rôle des protéines membranaires :

- Echange de biomolécules (transporteurs membranaires, canaux ioniques)
- Adhésion à la matrice extracellulaire (intégrines)
- Réception des signaux extracellulaires (récepteurs)
- Transduction du signal (protéines G)
- Activités enzymatiques (complexes protéiques de la chaîne respiratoire)

2.   Il existe 3 classes de lipides membranaires ; Les phospholipides, les glycolipides et le cholestérol.

3.   Cytoplasme compartimenté, présence d'organites, différents mode de division.

4.   Le nucléole est un élément du noyau, dépourvu de membrane, existe un ou plusieurs dans un même noyau. Le nucléole est le lieu où sont transcrits les ARN ribosomiques. Ces derniers s'associent à des protéines (importées) et ces ensembles forment les deux types de sous unités des ribosomes (petite et grande).

Exercice 7

- a. 1 4 5
- b. 2 3 4
- c. 4
- d. 1 2 4 5
- e. 3 6 7 8
- f. 2 3
- g. 4
- h. 5

Exercice 8

1. Les lipides sont des composés très hydrophobes. Vrai
2. Les cellules eucaryotes animales contiennent un appareil de Golgi impliqué seulement dans la glycosylation de protéines. Faux
3. Les ARN de transfert sont toujours localisés dans le cytoplasme. Faux
4. Les protéines sont composées d'acides nucléiques. Faux
5. Les protéines sont toujours localisées dans le cytoplasme. Faux
6. Le réticulum endoplasmique est responsable de toute la synthèse protéique. Faux
7. Les cellules eucaryotes peuvent répliquer l'ADN pendant la phase S du cycle cellulaire. Vrai
8. Le cytosquelette est un réseau des fibres protéiques constitué par les microtubules et les microfilaments. Vrai
9. Lors de la synthèse des protéines la maturation de l'ARN se fait dans le cytoplasme afin d'éliminer certaines séquences non codantes. Faux
10. Les cellules eucaryotes possèdent un ou plusieurs nucléoles impliqués dans la transcription de l'ADN. Vrai
11. Les cellules eucaryotes animales contiennent des lysosomes impliqués dans la phosphorylation des protéines. Faux
12. Les chloroplastes et les mitochondries possèdent un ADN et synthétisent l'ATP. Vrai
13. L'activité de la kinase Cdk4 est dépendante de l'expression des cyclines D et E. Vrai
14. Les chromosomes à l'état mitotique peuvent être identifiés après coloration. Vrai
15. Le fuseau mitotique disparaît au cours de l'anaphase par dépolymérisation des microtubules polaires. Faux
16. L'épissage des ARNm constitue le mécanisme d'ajout de la coiffe. Faux

17. Lors d'une interaction virus - cellule de type productif, le virus peut sortir de la cellule par lyse de la cellule. Vrai

18. Les procaryotes sont unicellulaires. Vrai

19. Le noyau est unique dans les cellules mononuclées. Vrai

20. La traduction des protéines se fait dans le noyau chez les eucaryotes. Faux

Exercice 9

1. Micelle : Ce sont des structures sphériques dans lesquelles les têtes polaires sont orientées vers l'extérieur et les queues hydrophobes sont au centre, protégées du milieu aqueux par les têtes polaires. On les obtient suite à des traitements de la membrane plasmique par des détergents.

2. Culture cellulaire : C'est une technique de laboratoire pour faire vivre des cellules in vitro. C'est le prélèvement de cellules, d'un animal ou d'une plante et leur placement ultérieur dans un environnement artificiel conduisant à leur croissance. Le but est de multiplier des cellules ou de les maintenir vivantes pour les utiliser.

3. Les 3 types de liaison

Liaisons covalentes : CH_4, NH_3, CO_2, H_2.

Liaisons ioniques (Na^+Cl^-).

Liaisons hydrogènes (Structure d'ADN)

4. Les porines

Les porines appartiennent à une famille de protéines membranaires intrinsèques. Elles forment un pore (ou canal) dans la membrane et participent donc aux transports transmembranaires. Du fait de la taille du pore, divers types de molécules (sucres, ions et acides aminés - solutés de masse molaire inférieure à 5 à 7 KDa) diffusent de manière passive. Chaque type de porine transporte sélectivement un groupe de molécules ou une molécule unique.

5. Les aquaporines

Tout être vivant est principalement constitué d'eau. En moyenne, les êtres humains en contiennent 65%. L'eau est indispensable à toutes les fonctions de notre organisme (maintien de la température corporelle, digestion, transit des déchets,...). De grands volumes d'eau circulent dans notre corps de cellules en cellules. La diffusion des molécules d'eau au travers des membranes cellulaires n'explique pas la circulation de telles quantités d'eau.

Exercice 10

1. Le transport membranaire est le passage d'une molécule ou d'un ion à travers une membrane plasmique. Il implique un déplacement entre deux compartiments séparés par une membrane, dont les propriétés et la composition influeront sur ce transport.

2. Il existe plusieurs types de transport membranaire.

    a. Le transport passif : Transport de composés sans consommation d'énergie (Selon le gradient électrochimique). 2 sortes de transport passif sont distinguées :

    - La diffusion simple : Diffusion de composés directement à travers la bicouche lipidique. Cette diffusion n'est possible que si la molécule est « soluble » dans la membrane phospholipidique (cad qu'elle peut traverser directement la bicouche de phospholipides). La molécule doit donc être hydrophobe ou si elle est hydrophile, être suffisamment petite (ex: L'éthanol).

    - La diffusion facilitée : Transport de composés à travers la bicouche lipidique grâce à des protéines de transport.

        o L'osmose : Diffusion passive des molécules d'eau à travers une membrane sélectivement perméable (semi-perméable). Phénomène mis en évidence lorsque des molécules d'eau traversent une membrane semi-perméable séparant deux solutions dont les concentrations en solutés sont différentes. Le déplacement d'eau se fait de la solution la moins concentrée en solutés vers la plus concentrée en solutés (pour diluer la plus concentrée). L'osmose considère uniquement les échanges entre deux solutions liquides de concentrations différentes en phases liquides séparées par une paroi semi-perméable.

b. Le transport actif : Transport de composés à travers la bicouche lipidique grâce à des protéines de transport et une consommation d'énergie sous forme d'ATP (Contre le gradient électrochimique).

Le transport peut être également classé en fonction des protéines de transport empruntées :

- Protéine de type uniport : Transport d'une seule substance dans une direction (assure un transport passif).
- Protéine de type symport : Transport de 2 molécules différentes dans la même direction (assure un transport actif).
- Protéine de type antiport : Transport de 2 molécules différentes dans des directions opposées (assure un transport actif).

II. Physiologie animale

Exercice 1

1. Libération de calcium.

2. Interaction entre l'actine et la myosine.

3. Arrivée rapide d'un ATP

4. Dissociation de la liaison actine-myosine

5. Hydrolyse de l'ATP

6. Changement de conformation de la myosine et glissement des têtes de myosine.

7. Traction des filaments d'actine.

8. Raccourcissement du sarcomère.

9. Fixation d'une nouvelle molécule d'ATP sur la tête de myosine.

10. Rupture de la liaison entre actine/myosine et début d'une nouvelle interaction.

Exercice 2

1. Dendrites
2. Corps cellulaire
3. Axone
4. Arborisations terminales
5. Mitochondrie
6. Noyau
7. Membrane nucléaire
8. Cône d'initiation
9. Gaine de Schwann
10. Gaine de myéline
11. Nœud de Ranvier
12. Bouton synaptique

Titre : Schéma d'un neurone

Exercice 3

a. Les récepteurs photosensibles des yeux enregistrent l'image du verre. Un influx nerveux est généré et chemine par le nerf optique jusqu'à l'aire visuelle du cortex cérébral où l'image est décomposée en pièces détachées.

b. De l'aire visuelle, un influx nerveux se dirige vers l'aire d'association visuelle où l'image est assemblée en objet.

c. De l'aire d'association visuelle, l'IN se dirige ensuite vers l'aire d'analyse et d'intégration de l'information reçue de façon à ce que l'image prenne un sens pour l'individu.

d. De l'aire d'analyse et d'intégration part un influx nerveux qui se dirige vers l'aire de motricité volontaire.

e. L'aire de motricité volontaire envoie un influx nerveux qui se dirige vers le cervelet en vue d'assurer la coordination des mouvements musculaires volontaires.

f. Le cervelet fait cheminer l'influx nerveux jusqu'à la section de la ME correspondante.

g. Déclenchement de l'extension du bras par l'intermédiaire du nerf et des muscles impliqués.

Exercice 4

1.

- Les nerfs rachidiens : Les nerfs spinaux
- Le liquide céphalo-rachidien : Le liquide cérébro-spinal
- Les membranes du système nerveux central : Les méninges
- Le neurone : La cellule nerveuse
- Le soma : Le corps cellulaire
- La zone d'initiation du potentiel d'action : La zone gâchette
- Les terminaisons nerveuses : Les terminaisons axonales / Les arborisations nerveuses
- Un nerf qui possède une racine sensitive et une racine motrice : Un nerf mixte
- Une synapse entre deux axones : Une synapse axonale
- Les réflexes bulbaires : Les réflexes cérébraux

2.

1. Membrane cytoplasmique
2. Dendrites
3. Noyau
4. Corps cellulaire
5. Axone
6. Bouton synaptique

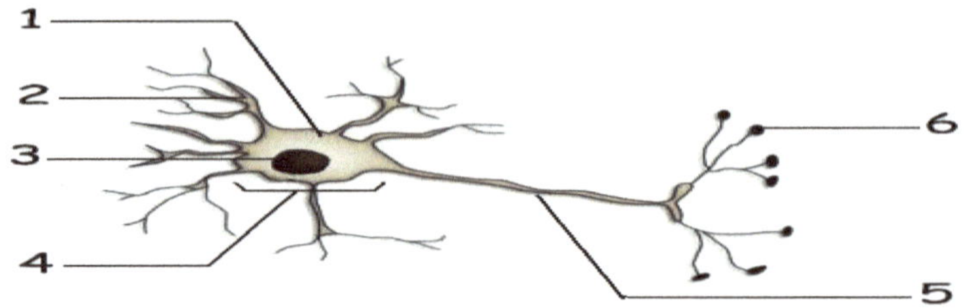

Titre : Schéma d'un neurone

3.

    a. La moelle épinière

    b, c, d : répondu sur le croquis ci-dessous :

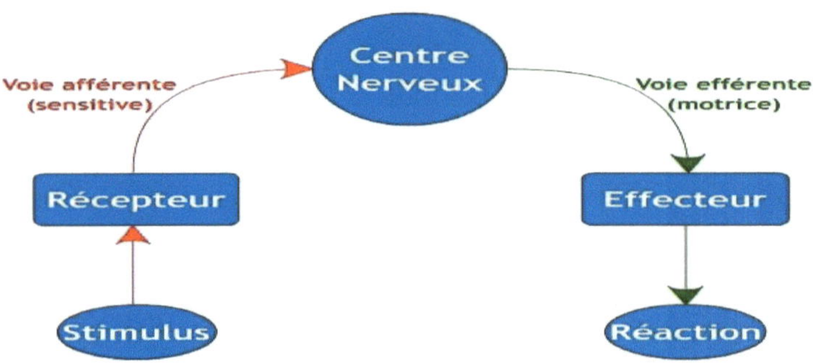

    e. Réflexe d'extension - Réflexe de flexion

Exercice 5

1- L'injection du Bacille de Koch (BK) à un cobaye A provoque sa mort : Aucune protection. Cobaye A

L'injection préalable du bacille de Calmette et Guérin (le BK atténué) au cobaye B lui permet de survivre à l'injection consécutive du BK. Protection/Vaccination: son SI a été mis en contact une 1ère fois avec la bactérie atténuée et a réagi très rapidement lorsqu'il a rencontré le bacille virulent de Koch. Cobaye B

On injecte les AC de B dans un cobaye C, puis on lui injecte BK. C meurt : les AC n'ont aucun effet sur le bacille. Cobaye C

On injecte les lymphocytes du cobaye B à un cobaye D. Celui-ci survit à l'injection du BK. Les lymphocytes interviennent donc dans la destruction du BK. CobayeD.

On injecte les lymphocytes B (à l'origine de la production d'AC) du cobaye B à un cobaye E. Celui-ci meurt à la suite de l'injection du BK. Cela confirme l'expérience C: les anticorps n'ont aucun effet sur le BK : Les LB ne peuvent détruire directement les bacilles. Cobaye E

On injecte les lymphocytes T du cobaye B à un cobaye F qui survit à l'injection de BK: Ce sont les lymphocytes T qui agissent contre les bacilles. Cobaye F

2- Pour confirmer les résultats de l'expérience C et voir si les LB peuvent détruire directement les bacilles.

3- Injection du BCG au cobaye B :

- Sélection et multiplication des lymphocytes T spécifiques du BCG lors du 1er contact avec le BCG.

- Différenciation en LTC : élimination directe des bacilles/Perforine : Réponse primaire.

- Différenciation en LT mémoires qui permettent une réaction rapide et importante lors de la 2ème rencontre avec l'antigène : Réponse secondaire.

O Le phénotype immunitaire du cobaye B a ainsi été modifié.

Exercice 6

a : 3, b : 1, c : 5, d : 2, e : 6, f : 4

Exercice 7

1-

    a. La grenouille va retirer sa patte.

    b. Reflexe

c. Reflexe de flexion.

d. Quand on touche la patte de la grenouille avec une aiguille, le stimulus (la stimulation) est capté par les récepteurs algiques de la peau. Ces derniers transmettent le message sous forme d'influx nerveux au centre nerveux : ME via les fibres nerveuses sensitives : voie afférente puis de la ME, des fibres nerveuses motrices : voie efférente vont acheminer l'IN jusqu'à l'organe effecteur : le muscle fléchisseur de la patte se contracte et la grenouille retire sa patte.

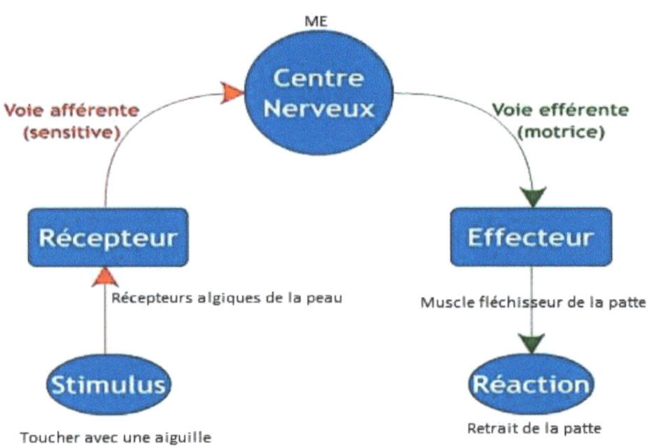

2-

a. La section au niveau de la partie (a) provoque une perte de sensibilité (anesthésie) au niveau du territoire concerné.

b. Car les messages afférents n'arrivent plus à pénétrer dans la ME.

c. Partie (1) : Rôle sensitif.

d. La section au niveau de la partie (b) provoque une perte de motricité et une paralysie au niveau du territoire concerné.

e. Car les messages efférents ne pourront plus arriver à destination.

f. Partie(2) : Rôle moteur.

g. Nerfs mixtes.

Exercice 8

Les expériences présentées permettent de découvrir comment l'organisme réagit face à deux injections consécutives d'un même antigène d'une part, de deux antigènes différents d'autre part.

Expérience 1.

La première injection de sérum-albumine est suivie une semaine plus tard par une augmentation du taux d'anticorps. Cette réponse que l'on nommera "réponse primaire" atteint un maximum de 100 microgrammes d'anticorps par ml de plasma entre la 4ème et la 5ème semaine puis revient à 0 vers la 7ème-8ème semaine.

La seconde injection de sérum-albumine est très rapidement (moins d'une semaine) suivie d'une forte augmentation du taux d'anticorps par ml de plasma (2000 µg/ml). Cette réponse que l'on nommera "réponse secondaire" est beaucoup plus rapide et importante que la réponse primaire.

La réponse secondaire à la deuxième injection d'un même antigène permettra une agglutination beaucoup plus efficace. Cette expérience révèle que le système immunitaire a gardé en mémoire le premier contact avec la sérum-albumine.

Expérience 2.

Chez la souris B, on injecte comme précédemment de la sérum-albumine : la réponse primaire est la même que pour les souris A (les souris sont les mêmes).

La seconde injection est celle d'un antigène différent de la sérum-albumine. La réponse immunitaire obtenue ne ressemble pas à la réponse secondaire de la première expérience. En effet la concentration d'anticorps débute une semaine après l'injection, atteint son maximum trois semaines puis revient à o en quelques semaines.

Une première rencontre avec la sérum-albumine n'a aucune influence sur la réponse immunitaire pour la rencontre avec un autre antigène. La mémoire immunitaire est spécifique à un antigène précis.

Conclusion : La réponse immunitaire à un deuxième contact avec l'antigène est beaucoup plus rapide et importante que la réponse primaire lors du premier contact. Cela n'est pas le cas si le deuxième contact n'est pas avec le même antigène. L'organisme est capable de mémoriser la rencontre avec un antigène précis. La réponse développée lors d'une deuxième rencontre avec cet antigène sera plus efficace.

Exercice 9

Dendrite: a c f g   **Axone:** b d e h

Exercice 10

1. Le système nerveux central est protégé de l'extérieur vers l'intérieur par : La dure mère - L'arachnoïde - La pie mère

2. Le liquide céphalo-rachidien (LCR) : sert à nourrir, à évacuer les molécules toxiques et à protéger le SNC

3. Les fibres amyéliniques sont plus rapides que les fibres myéliniques : Faux

Exercice 11

1. Libération de calcium.

2. Interaction entre l'actine et la myosine.

3. Arrivée rapide d'un ATP

4. Dissociation de la liaison actine-myosine

5. Hydrolyse de l'ATP

6. Glissement des têtes de myosine.

7. Traction des filaments d'actine.

8. Raccourcissement du sarcomère.

9. Fixation d'une nouvelle molécule d'ATP sur la tête de myosine.

10. Rupture de la liaison entre actine/myosine et début d'une nouvelle interaction.

Exercice 12

a: Filament de myosine, b: filament d'actine, c: Strie Z, d: Bande H, e: Bande I, f : Sarcomère

Exercice 13

- L'excitation ou la stimulation qui correspond à l'arrivée du message nerveux sur la fibre musculaire.
- Le couplage excitation-contraction qui regroupe l'ensemble des processus permettant de transformer le signal nerveux reçu par la cellule en un signal intracellulaire vers les fibres contractiles.
- La contraction proprement dite.
- La relaxation qui est le retour de la cellule musculaire à l'état de repos physiologique.

Exercice 14

1. La section de la racine dorsale (A ou B) ne permettant plus aux messages afférents de pénétrer dans la moelle épinière, on observera une anesthésie du territoire concerné. En revanche, la section de la racine ventrale (C) se traduira par une paralysie du territoire concerné. En effet, les axones issus des motoneurones étant interrompus, les messages efférents ne pourront arriver à destination. Enfin, la section du nerf rachidien (D) affectant à la fois la voie afférente et la voie efférente, on observera une anesthésie et une paralysie du territoire concerné.

2. À la suite de la section A, les axones centraux des neurones en T du ganglion rachidien repousseront et établiront de nouvelles synapses dans la moelle, de sorte que si la régénération est totale, il n'y aura aucune séquelle pour l'animal. En revanche, à la suite de la section B, les axones périphériques des neurones en T ayant été séparés de leurs corps cellulaires, la partie comprise entre les récepteurs et le ganglion rachidien ne régénèrera pas, ce qui se traduira par une perte de la sensibilité du territoire concerné. La section C n'engendrera par contre aucune

séquelle. En effet, les axones des motoneurones n'ayant jamais été séparés de leurs corps cellulaires, ils repousseront dans la racine ventrale et, une fois la régénération achevée, l'animal retrouvera la motricité du territoire concerné. Enfin, la section D revenant à cumuler les sections B et C, l'animal perdra sa sensibilité mais conservera sa motricité.

3. Nerfs mixtes.

Exercice 15

1. Le sang arrive au cœur au niveau de l'oreillette droite par les veines caves supérieure et inférieure.
2. Il se déverse ensuite dans le ventricule droit à travers **la valvule tricuspide** de l'orifice auriculo-ventriculaire.
3. Lorsque celui-ci se contracte, il expulse le sang vers les poumons, à travers les alvéoles des poumons, via l'artère pulmonaire à travers **la valvule pulmonaire (valvule sigmoïde).**
4. Le sang se répartit vers chacun des 2 poumons via l'artère pulmonaire droite et gauche.
5. Une fois que la circulation pulmonaire est achevée, le sang retourne vers le cœur au niveau de l'oreillette gauche par 4 veines pulmonaires puis se rend au ventricule gauche à travers **la valvule mitrale.**
6. Lorsque celui-ci se contracte, il expulse le sang vers tout l'organisme via l'artère Aorte à travers **la valvule aortique**, pour aller apporter l'O2 et les éléments nutritifs dans le corps.
7. Une fois passé dans les organes, le sang repart du corps puis retourne dans le cœur via les veines caves avec le CO2 pour aller dans l'oreillette droite, et le cycle recommence.

Exercice 16

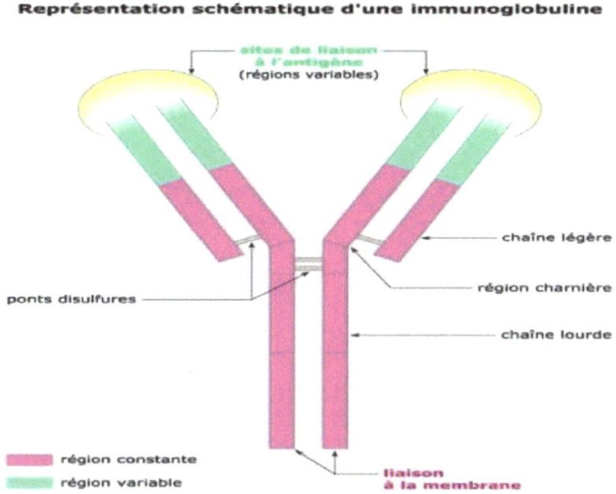

Exercice 17

1. Les leucocytes sécréteurs d'anticorps sont : Les plasmocytes.

2. Un anticorps est une protéine capable de reconnaitre un antigène spécifique.

3. Un anticorps est capable de neutraliser des antigènes dans le milieu extra-cellulaire.

4. La molécule d'anticorps est composée de deux chaines légères et deux chaines lourdes.

5. La bonne réponse :
   - La région variable d'un anticorps possède 2 fragments Fab.
   - La région constante d'un anticorps possède 2 fragments Fc.

6. Lorsque des anticorps rencontrent un virus qui lui sont spécifiques : Ils s'agglutinent.

7. Un Lymphocyte T8 se différencie en lymphocyte cytotoxique.

8. Un Lymphocyte cytotoxique est capable de : détruire une cellule infectée.

9. Les moyens de destruction d'un LT cytotoxique sont : la libération de protéines "perforines" capables de perforer une membrane cellulaire.

10. Les lymphocytes T4 ont pour rôle : de stimuler la multiplication et la différenciation des LB et des LT8 sélectionnés par l'antigène introduit.

11.Les LT4 sont : spécifiques d'un antigène donné.

12.L'immunité innée est :

- assurée par les cellules phagocytaires très rapidement mobilisées lors de l'entrée d'un antigène.
- présente dès la naissance.
- non spécifique.

13.Les cellules phagocytaires :

- éliminent les complexes immuns et les déchets de cellules détruites.
- sont des cellules mononucléaires

14.Le principe de la vaccination est : de produire des cellules immunitaires mémoires

15.Les éosinophiles sont :

- des polynucléaires.
- des globules blancs.

16.Les interleukines sont :

- des cytokines.
- des protéines.

Exercice 18

1.

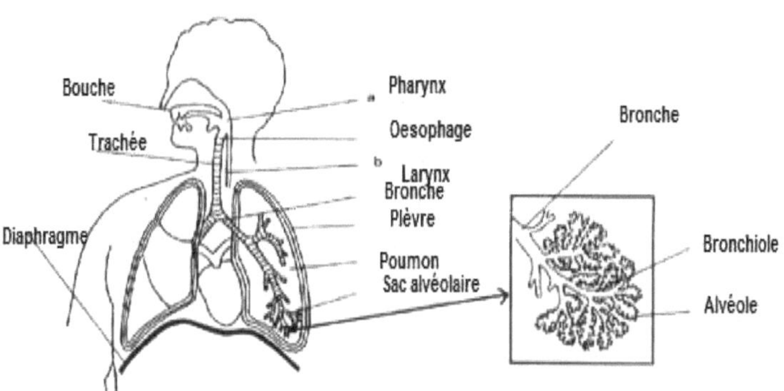

2. Schéma de l'appareil respiratoire chez l'homme
3. (a) : Gorge.
4. (b) : Passage des aliments.

Exercice 19

1.

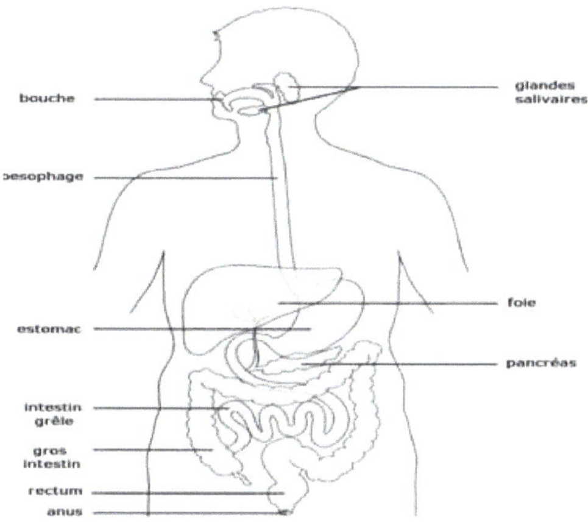

2. Schéma de l'appareil digestif de l'homme

3. Les glandes annexes

Exercice 20

1, 2, et 3 : Voir schéma

4. Schéma du cœur humain

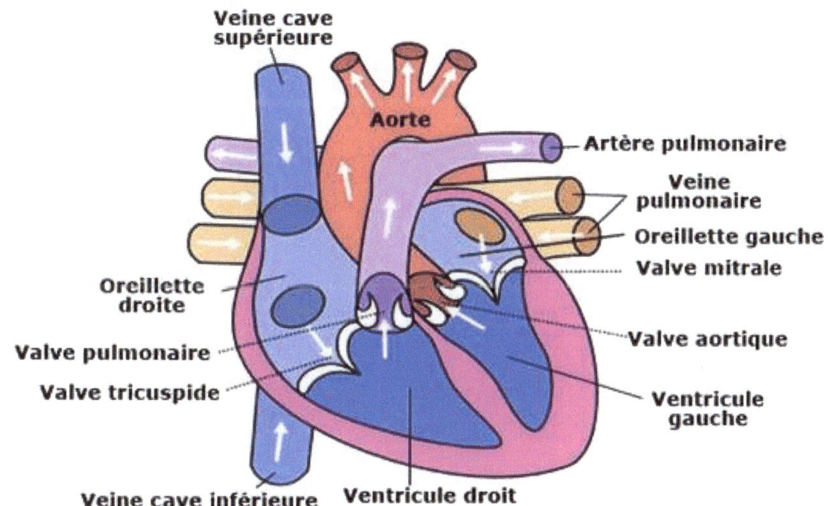

9 789997 515403